Riscontri Poetici

- 5 -

AA. VV.

LUCCIOLE
AL TRAMONTO

versi tra luci ed ombre

a cura di Emilia Dente

Revisione del testo a cura di

Lorena Caccamo
Facebook: LoreCa Servizi Editoriali
email: loreservizieditoriali@gmail.com

Via Luigi Amabile 42
83100 Avellino
ass.riscontri@gmail.com

Sede legale: via degli Imbimbo 8/E
Sede operativa: via Luigi Amabile 42
83100 Avellino
tel. 340/6862179
e-mail: terebinto.edizioni@gmail.com
www.ilterebintoedizioni.it

INDICE

Prefazione

Nell'orizzonte senza tempo dei sentimenti, tra albe smarrite e tramonti infuocati, si illuminano i versi di questi interessanti autori.

Versi lievi, meditabondi, dolci e amari, versi che, come lucciole incantate, si librano nel cielo inquieto del foglio, rievocando la serenità di momenti felici, a volte, e a volte svelando lacrime di tristezza e nostalgia.

Sul ciglio della solitudine la mente ricama *«la mente ricama \ l'orlo friabile \ dell'abisso \ spalancato dagli occhi»*, sussurra il poeta Gio Cancemi. L'abisso degli occhi e del cuore. L'abisso dell'essere sulle strade scure e solitarie della vita, l'essere smarrito che riconosce nella memoria, nelle emozioni e nelle parole, le orme preziose che portano all'essenza dell'Eterno.

In questo abisso si muovono inquieti i poeti, in giardini incantati o in selve intricate, tra fiori palpitanti e rovi insidiosi, tra gioia sfiorata e tristezza infinita, tra tenerezza, paura, incertezza e dolore, con la consapevolezza sempre che la vita ha tempi lunghi e profondi, scanditi solo dal battito del cuore.

Non vi sono ore, giorni, mesi, solo emozioni e ricordi che si avvolgono come spirali dolceamare intorno ai pensieri e ai sogni audaci. E allora, viandanti scalzi, i poeti attraversano il tormento dei bianchi fogli, riversando, su sentieri di righe distorte, il proprio sentire.

Si illuminano così frammenti di vita e d'amore, e il tempo si assottiglia nel racconto vivido di scene vissute e perpetuate nella mente, nei colori di albe e tramonti che si rinnovano nell'anima, dove l'assenza diviene calore, e il silenzio diviene emozione superando ogni limite del materiale nel potere eternante della poesia.

Nel solco dei versi si illuminano tenuamente quelle ombre che giungono lievi e accompagnano il cammino. *«L'ombra giungeva, ma lievissima, la sera \ trasfigurava i fossi dove bianchi fiori pullulavano \ felici»* nei versi dolci di Rosanna Bonugli; *«E il primo freddo \ che ci riporta lo sguardo \ sui volti amati; \ e solo allora io mi appartengo \ e vi appartengo»* invece sussurra Fulvio Tuccillo, rivelando l'intimo legame con le ombre amate che restano presenza costante.

Come lucciole al tramonto, come luci nel chiaroscuro della via, sono compagne e sono scintille le ombre luminose che si aggirano inquiete per le vie del cuore. Ombre. *«Le tue parole d'ombra, \ d'ombra la tua persona»,* sospira la poetessa Rosanna Bonugli, e le ombre rivivono sul candido foglio.

Volti amati che attraversano il tempo cristallizzati nella memoria del cuore. Ombre smarrite e ritrovate, cullate nel silenzio dei giorni, chiamate nel sussurro dei pensieri.

Sono bellissimi, vivi e intensi, alcuni frammenti, alcuni momenti che rivivono sul ciglio del cuore e hanno il sapore eterno dell'amore.

Scene di vita quotidiana, scorci bucolici, frammenti colorati che prendono vita tra le righe e hanno la leggerezza delle farfalle che attraversano l'anima e le stagioni, parole che hanno il sapore dolce dell'abbraccio di madri e la tenerezza di figure fraterne.

Parole sincere come acqua di fonte o velate come irruenti cascate, dolci come miele e profumate come rose, profonde e dure come ventri di pietra o lievi come bianche farfalle. Parole libere dai nodi della metrica e dello stile armonioso, pure se spesso hanno una loro spontanea musicalità.

Parole e versi, emozioni che nella sottile veste poetica si svelano nude e vere e che, all'ombra del giorno, sussurrano al cuore. «*La notte \ e il peso del cuore \ caricano di sospiri \ il fine ingranaggio \ dei pensieri*» rivela ancora Gio Cancemi in una sua profonda riflessione, sciogliendo nella parola poetica, il peso del cuore inquieto.

Si aggirano tra ombre e pensieri le anime smarrite dei poeti, anime coraggiose e inquiete, con l'unica certezza che nell'abisso caldo della poesia ancora e sempre la luce timida ed audace di lucciole amate infuocherà rossi tramonti e illuminerà le vie del cuore.

Emilia Dente

LUCCIOLE AL TRAMONTO

versi tra luci ed ombre

Emozioni

di Rosanna Bonugli

Rosanna Bonugli è una persona semplice, non ama farsi notare ma la sua mente e il suo cuore sono sempre in fermento: pensa che lo studio sia un ristoro per la mente e la poesia per il cuore.
Ha conseguito la laurea in giurisprudenza e ora si sta laureando in psicologia, scrive poesie da quando era bambina partecipando con buoni risultati a diversi concorsi poetici.
Ama i libri, gli scacchi, i viaggi e le camminate in montagna con i suoi tre fedeli cani.
Ha una spiccata sensibilità a percepire le emozioni e i bisogni altrui, a cogliere dei segnali nelle piccole cose della vita quotidiana e fa fatica a vivere nel mondo attuale ricco di burocrazia e di cattive emozioni.
La sua aspirazione più grande è un rifugio in montagna attorniata da bei tramonti, dalla natura selvaggia e da profumi ancora genuini.

Mamma

Occhi velati di nebbia,
sguardo fisso verso l'eterno,
voce flebile e tremolante,
questo è quello che rimane di una vita
di cui non ricordi più nulla.
Vorrei essere i tuoi occhi, la tua voce,
far rivivere la tua memoria... è difficile senza di te.
Giorni e giorni trascorsi insieme
mi appaiono così lontani, quando, bambina,
mi davi la mano ed io mi sentivo così forte.
Ora sei così diversa, mamma,
mi guardi ma non mi vedi, mi ascolti ma non capisci.
Non devi avere paura,
io sono qua e, con te, io fisserò l'infinito,
ti parlerò del passato e ti prenderò per mano...
fino alla fine dei giorni,
e per l'eternità.

All'improvviso

La gioia viene e fugge all'insaputa
e sol ti lascia l'ombra di un sorriso
che si disperde nell'angoscia muta.
Non c'è gioia per me che non si bruci
e non c'è luce che nell'ombra non affoghi,
ché troppo tendo l'arco della vita.
Ma fui serrata nell'adolescenza
da limiti d'un velo senza luce d'umana libertà
ed era tanto il desiderio di possesso
e tanto il fervido calore della mente
da risentirne pure nel presente.

Un girasole

Ho visto un girasole,
tra due pietre di un marciapiede,
aveva le radici, lo confortava il muro d’una casa.
La vita, nella stretta della morte,
ritrova, a volte, il massimo calore.

La vita è sogno

Ricordo il bimbo dentro la campagna,
che vita e quali attese e che stupori!
L’ombra giungeva,
ma lievissima, la sera trasfigurava i fossi
dove bianchi fiori pullulavano felici.
La vita è sogno se vieppiù si vive.

Amo

Amo le cose che non ho più,
sensazioni, ricordi di un passato felice,
turbinio di emozioni che mai più ritorneranno,
la mente impazzisce, il cuore è arido.

Guardo il mondo da una finestra,
non distinguo più i colori delle stagioni,
i profumi di un tempo lontano penetravano l'anima,
perché, perché non esiste più nulla?

La terra è grigia, il sole fioco,
grigiume e pazzia imperversano nel mondo,
ammassati nel cemento corriamo,
per non pensare, per non sentire…
non c'è luce, non c'è più tenerezza.

Eppure qualcosa devo trovare, per non morire,
sì, io amo, amo gli occhi dei bambini, l'innocenza
nel loro sguardo, la tenerezza del loro sorriso…
amo le cose semplici, amo il cioccolato.

Le tue parole

Le tue parole d'ombra,
d'ombra la tua persona:
"Non tornerò, non tornerò… lo sento".
Ricordo lo sgomento di quelle tue parole.
Lo schianto della nave,
un grido disperato di sotto la carena.
Le tue parole fatte monumento.

Autunno

Malinconia d'autunno, ai crisantemi penso
Folti, piegati su reti metalliche
E non so quanta stanchezza già mi assale…
Crisantemi dolcissimi sul grigio della vita,
ombre di sogni, musiche,
parvenze di delicati accordi di colori.

L'impossibile

Estiva notte, per sentieri cupi
Di voluttuosi magici giardini,
Fragranze inenarrabili di esuberanti morbide fiorite,
Di là la luce pallida,
nel viaggio suo fantastico…
E sogno l'impossibile.

Fiori di fiele

di Manuela Marchese

Manuela Marchese è genovese, nata nel 1977. Attualmente vive a Chiavari, nella splendida Riviera ligure levantina, insegna nella scuola primaria ed è mamma di tre figli. Fin dai primi anni dell'adolescenza il suo approccio alla scrittura, legato anche all'amore per la lettura, è stato fondamentale come personale ricerca introspettiva, culminata nell'ultimo decennio in una sorta di terapia dell'anima, dove l'espressione poetica è diventata percorso di elaborazione interiore a seguito di un gravissimo lutto familiare. Amante della ricerca storica, dell'arte e dell'arredamento, si dedica al restauro e recupero di mobili e oggetti del passato e allo studio di documenti di difficile reperibilità testimoni di storie nella Storia.

Sepolcro d'inverno

Colori sgargianti e odorosi,
il freddo dell'anima a render grigie le corolle.
Sequenze pensate,
immagini cristallizzate,
paralisi dei sensi…
La potenza devastante dell'impotenza
a incorniciar lasciva consapevolezza.
Giorni lontani
dentro al presente.

Lacrime d’ovatta

Discrete e sussurrate
scendono piene,
incuranti di quel contorno
rumoroso e distratto.
Annebbiano lo sguardo,
allagano l’anima,
accompagnando passi di vita.
Rompono le parole,
pronunciate a stento
e sciolte nel tepore salato
di ogni goccia di cuore.

Realtà parallele

Mi fermo a confondere orme di neve
e salsedine fra i denti.
Mi fermo a sbrogliare il nodo di garbugli salati
e risate arruffate.
Mi fermo e tutto il resto scorre, liquido e plastico,
parallelo e lontano, dentro e ancora dentro.
Mi fermo, devo pur farlo…
Devo lasciare che il nodo si riannodi,
che neve e salsedine si fondano
e le risate si assopiscano,
mentre il peso inumidisce gli occhi.
Tutto è in me,
tutto è me… e te, e noi.

Il giorno eterno

I ricordi illuminati dall'ombra
rimbombano eterni.
Lasciano spazio alla luce
senza smettere di offuscarla.
Muovono passi pesanti
sulle ali dell'anima,
ne saggiano forza e dolore.
Materia e spirito si fondono,
si fanno liquidi e sottili,
sfidano un tempo irreale
di anse compresse,
di sospesi pungenti,
di vita lasciata mai abbandonata…
Ogni oggi è l'ultimo oggi
a rinnovar l'angosciante attesa
di quel che sarà sempre per sempre,
di quell'ombra
che rimembrando fa mancare il fiato,
di ciò che il tempo non sa obliare
e che stringe in una notte
un infinito di perpetua fine…
Attendo il volger delle ore,
lascio che dentro scorra ancora,
come di anno in anno,
senza chieder sconti

perché non v'è tempo per l'eterno,
perché la morte è immortalità assoluta
che plasma l'anima di chi mortal rimane.

Il compleanno

Ballano i sorrisi,
aleggiano festanti libellule
di parole benauguranti.

Dolci bocconi d'amore candito
segnan rintocchi del tempo passato.

Fogli sgargianti,
fiocchi sinuosi,
frasi soavi
restituiscono eco a note cantate.

Cera e bagliori
a far cornice a desideri spenti.
Omaggi odorosi
di petali e amore.

Il vuoto accompagna
e la mancanza segna
sospesi mai colmi
d'infinita assenza.

Ricorrenze sospese

Nell'intimo del silenzio notturno
si stringono oblii e segni d'eterno,
rimangono ferme parole non dette
e lacrime masticate,
mentre i vuoti di ieri
si confondono sfumati
nei castelli del colore.

Fiori di fiele

Disprezzo strillato,
sprizzato
e sprezzante,
mormorii sussurrati
di rabbia e rancore.
Dolcezza sottile
di tempestosa calma
per lenir ferite dense
di reconditi saperi.
Fiori di fiele
spargon polline amaro d’Infinito,
lieve fardello
polveroso d’eterno.
Colpe assopite
dal respiro pesante
soffiano vetro,
infrangono altari,
rubano sogni
mai più restituiti.

Contrasti e spiragli

Pulviscoli di luce
filtrano colori nuovi,
inaspettate culle
d'ambra e miele.

L'amaro sfondo
colpevole e lascivo
s'ode nel ventre
dell'anima calda.

Mescolo emozioni
distanti e parallele:
ballo coi sorrisi,
risveglio lacrime assopite.

Ubriaca d'amore egoista
eludo il sicario struggente,
ma a ritrovar sobrio dolore
dipingo antiche sapienze.

Auspici onirici e agrodolci rimpianti

Come zucchero e fiele
danzano in spirali dolciamare,
lasciano lacrime lungo i sorrisi,
mordono l'anima,
soffiano rimpianti taglienti…
Rimembranze morbide e vivide
sorelle ipotetiche
di realtà dissolte,
come muschio al sole
a odorar di bosco
e di rassegnazione.
Lontananze inutilmente attese
solcano vie conosciute,
a portar brezza di dolore
e speranze sbiadite.

D’anima e cuore impressi

Polvere di grafite
e frammenti di cuore,
righe gettate
su pergamene nuove
segnano un tempo
di sospesi assenti,
volgon passati
all’odierno sentire,
mitigano i venti
a esorcizzar paure,
a lacerar dolori.
Dolci pugnali
che imprimono scie,
di anima e mente
segnan le vie.

Sottovoce

di Gio Cancemi

Gio Cancemi, di Modena, è laureato a pieni voti in Lettere Moderne e in Pianoforte.
Nella vita svolge attività di Insegnante di Musica e di Pianista Solista e Accompagnatore.
In ambito musicale collabora stabilmente con numerosi insegnanti di fama nazionale e internazionale, con numerosi artisti, cantanti e strumentisti, compagnie teatrali e circoli musicali.
È del 2020 l'uscita del suo ultimo libro, *Risonanze*, pubblicato con la Casa Editrice Pluriversum, che raccoglie Poesie e Racconti.
Diversi suoi racconti, poi, sono stati pubblicati in varie pubblicazioni antologiche.
Nella scrittura trova l'antidoto a una realtà della quale ama evidenziare aspetti contraddittori e complessi e dalla quale cerca rifugio e "cura" attraverso "l'incantesimo" della parola.

Marea (Amare)

Dissipando
intorno
litri di sé
come vuoti a perdere
boccheggia a pelo d’acqua
immersa
l’anima

Galleggia sulla piena
ignara d’innalzato livello
la superficie del mondo.

Ritratto

Un fiocco di neve
Non mostra a tutti la sua perfezione.
Solo chi vuole e sente l'urgenza
Di capirlo davvero
Può scoprire con meraviglia
l'intimo magico ricamo della sua essenza.

Un fiocco di neve
Può essere sottovalutato,
Viene da tutti considerato
Troppo puro, troppo semplice:
A volte basta niente per renderlo niente,
Poche gocce ferite di sole
Nel nido di una mano.

Ma un fiocco di neve,
Moltiplicato all'infinito,
Ha anche una forza inarrestabile,
Spezza alberi, ghiaccia rapide,
Blocca con dura barriera, per rivalsa,
Qualsiasi forza contrastante.

Un fiocco di neve
Ha l'immensa e immortale
Solidità della fragilità,

Sente solo di cadere, di essere piccolo,
Di poter morire per un nonnulla:
Non sa che la sua voce
Può diventare impronta d'angelo
Disegnata sul terreno,
Castelli scintillanti
Dall'anima di arcobaleno.
Un fiocco di neve
È la divertente spontaneità del cielo,
Eterno spirito in sé recante
Notte e giorno, luce e nero,
Armoniosamente e indissolubilmente
Legati da un'invincibile innocenza.

Un fiocco di neve
Benedirà sempre,
Con il suo posarsi lieve,
Le nuove messi,
Custodirà il dorato tesoro,
Il fiorire del pane,
Furiosa, violenta gentilezza
Dentro la quale
L'universo è coro.

Un fiocco di neve,
Con inaudita delicatezza,
Come calda, rossa chioma di fiamma,
Fluttua, a volte,

Ondeggiando di dubbi e domande…
E, così, rende qualsiasi vita,
Anche la sua,
Cosa indispensabile,
Necessariamente esaudita.

Un fiocco di neve
Fa ringraziare
Di poterlo conoscere,
Di poterlo vivere,
Di poterlo ascoltare:

Tu,
Un fiocco di neve.

Sottovoce

Questo silenzio
è compatta cenere d’urlo
di sole imploso.
Più forte
il graffio di un taglio,
il carezzarsi di un livido,
il brivido di un pianto.

Essenza è sempre bisbiglio sfocato
in vivace luccicar di polvere
dentro obliqua notte di Sé.

Benedetto l’affilar l’ascolto:
abbassa la voce, vivere.

L'Uomo Nero

Non è cosa da bambini, e lo sai,
non è sotto il letto… non lascia mai.
Da "grande" speri t'abbia abbandonato,
ma lo ritrovi fra rughe di Fato.

Lo vedi in chi vuol la tua Libertà,
lo senti dentro voci e falsità:
è chi s'impone su idee diverse,
chi della mente taglia le ali terse;
urla in certe distanze vicine,
dentro gli inizi ammalati di fine,
fra folle disperate quietamente,
dei Persi ride, fra spire di Niente.
Dove non c'è Desiderio e Passione,
e Vera Vita non è che omissione,
ovunque un uomo già raffreddi un sogno,
e Realtà diventi sol bisogno,
dove un aiuto non sia mai donato,
dove un'assenza abbia il cor scavato,
lì è la sua vittoria, lì il gelo,
l'innaturale perdita del Cielo.

Ha troppi nomi, pur non vien chiamato,
troppo mutevole la sua natura,
sol è certo che fa la vita dura,

se alla sua ombra ti scansi di lato;
perché hai solo un modo per salvarti:
negar non devi mai la sua esistenza,
nutrir più parti della tua essenza,
placar il Mal, ma per intero amarti.

Ciò che si nega sempre forza prende,
ciò che impari all'Eterno tende;
ma la più dura cosa che s'impara
può esser chiave, Paradiso o bara…

E la sapete, in fondo, tutti voi:
nel buio, l'Uomo Nero, siamo noi.

Macerie e resti

Luce in frantumi
m'affoga
di vetro.
D'invertiti riflessi,
di decisi cristalli di passi,
la mente ricama
l'orlo friabile
dell'abisso spalancato dagli occhi.
Dalle pietre sfregiate,
come rabbia tranquilla di sbuffo di vento,
esala di un respiro l'estremo ponte.
M'aggiro, devoto,
fra semi spezzati
di maestosi castelli.

Seduta sul tronco pilastro
del suo stesso mostrarsi,
l'anima ricostruisce
d'aria e pensiero
i battiti irregolari del tempo,
presenti riporta
squilli di voci,
colori screziati di gesti
avvolti a volatili muri;
splendere di gemma

piove su ogni vuoto,
come fantasma
s'apprende d'interezza in forme mancanti…
e in breve evapora,
stillando stelle.

Inconsolabile,
– tranne che per le proprie carezze –
resta lo spirito, fra mordaci brandelli.

Inverno schiarisce il cielo,
assottiglia il pesar del vero.
Desiderio è coperta
che il proprio calore protegga,
mano da stringere e scaldare
alla fiamma tremula del cuore.

E nel rimbombante silenzio
– feroce, inappellabile assenso –
una domanda incessante e fina
misura l'ingombrante distanza
fra maceria e rovina.

November Morning

Il sole,
d'inverno,
è lenzuolo di seta

Si sbriciola di colore
sospendendo
in bolle
contorni di vita

Alle stecche delle persiane
pulviscolo d'infinito
gocciola dentro la stanza

Lucenti
macchie d'aria
sottile e pulita

Carillon

Fra lamelle di metallo
cantano
gli inciampi dei miei passi

Appoggio mollemente
la testa ad un intimo tintinnio

La notte
e il peso del cuore
caricano di sospiri
il fine ingranaggio
dei pensieri.

Canto di metà febbraio

Sul velo di uno scolorito raggio di sole
scende una piccola, spaurita goccia di pioggia…
Sembra, scivolando, come tacere parole,
quando, alla fine, sui miei occhi si appoggia…
La guardo in silenzio, come incantato,
sospesa in aria e fissata nel niente,
mentre il rumore del mondo, sempre presente,
è, ormai, per me, in lei annegato.
Cerco di capire ciò che, inspiegabile, mi appare davanti,
i sensi e una corrosiva abitudine suggeriscon: “Follia!”,
ma l’anima, eternamente persa e protetta fra i canti,
sa molto bene che folle sarebbe voler spiegar la Magia…
… Dentro la goccia si agitano figure,
ombre quasi senza forma,
turbini di luce fra angosce e paure
che hanno del Passato l’orma…
E quasi senza che me ne accorga,
come se rivolgessi parole ad un volto reale e conosciuto,
sento dentro di me, improvvisamente, come potente sorga
tutto quel che doveva dirsi e, invece,
è stato forzatamente taciuto…

– Se avessi potuto
Ti avrei regalato
tutto il mondo in un sorso di fiato

Se avessi potuto
avrei trattenuto, disegnato sulla pelle
soltanto quel che rendeva le nostre ore stelle
Se avessi potuto
non saresti stata
ai miei occhi concreta fata
Se avessi potuto
non ti avrei lasciato sbriciolare
preziosità che la terra è sempre avara a dare
Se avessi potuto
ti avrei costretta a parlare di più
quando oltre la lama di una pretesa e soffocante gioia
ti sentivi giù
Se avessi potuto
non mi avresti per mano portato
dentro un assurdo bene, come colpito di lato
Se avessi potuto
avrei conservato ogni tuo chiaro sorriso
per quando il buio ti avesse macchiato il viso
Se avessi potuto o voluto
mi sarei strappato per primo da te
perché tu non potessi affogarmi in un gorgo di perché
Se avessi potuto
avrei racchiuso dentro una vibrante nota
quella toccata serenità, vuota di tempo, immota
Se avessi potuto
avrei continuato a cercare,
seguendo i tuoi contorni, il Vero

come un viandante imbocca, curioso, un ignoto sentiero
Se avessi potuto
ti avrei risposto come meritavi
senza inventare presenze che non davi
Se avessi potuto
non avrei dimenticato il suono della tua voce
come un fiume perde nome, sciogliendosi nella foce
Se avessi potuto
il passato sarebbe ora
e un inutile, funesto, insensato
autoimposto orgoglio non avrebbe ancora
violentemente accecato
di quieta catastrofe un Eterno perduto.
Se avessi potuto...
ma adesso
quel che desidero, davvero posso
e anche se, a volte, si riapre il fosso,
non rimpiango ciò che conquisto e, con te o per te,
non avrei avuto.
Custodisco una giovane Libertà
vicina alla felicità,
profumata di possibilità, sensibilità…

… Sincerità… Fragilità…

Allo svanire del respiro di queste lettere vestito,
la goccia trema un poco allungandosi, come appesa…

finché, con sottile boato, si frantuma, liquida,
sulla mia mano tesa.
Come un assetato tradito da acqua rappresa in polvere,
smarrito,
rimango a fissarla nel cavo della mano
attendendo, inconscio, infine compiersi
l'invisibile rito…
ed è solo allora che, sorpreso,
mi vedo dentro il suo riflesso,
lontano,
sulla sua superficie lucente, immagine di specchio:
e tutto ciò che ho attorno d'un tratto ha sapor vecchio
mentre sostengo, come sempre, con le dita
il peso cangiante dell'essenza, o assenza, della vita.
Soltanto me miro, completo, nella figura riflessa,
anche se avvolto, forse, da un tenue barlume vicino…
ancora impossibile slegar
Destino dalla Speranza stessa…
E il confine fra riso e lacrima si fa fino…

Vertigini

Le mie parole soffian via nel vento,
d'umanità d'or fragili riflessi,
mentre domande eterne già pavento,
cener di segni vivi, senza gessi.

Il nuotar nostro in ciel più aspro io sento,
continuo ancor a ricercar i nessi
di questo viver, buio come cento;
mani verso chi par qui averci messi:

– Perché non guarda giù, chiunque sia,
perché giammai non vede e mai non sana
la Verità, malata di caligini?

Risponda, se c'è, alla voce mia! –
Alta e dolente, parola lontana:
– Anche Dio è malato: di vertigini…

Equilibrio

Come fenditura che incrina piatti cieli
come sperone roccioso nell'aria
come ala di carne e sangue
come contatto inaspettato
come sguardo di calamita
come sogno disciolto in luce di mattino
come accordo, armonia di pensieri
come tepore sfiorato, assorbito
come danza di gesti e movenze
come atmosfera indefinita
come necessaria frattura
come sospensione su sottili fili di totalità
come persistenza e significato di ricordi
come clemente raccordo di strade
come rifinitura di un sorriso
come tremore avvolgente
come viaggio di carta
come inchiostro di respiri
come interna immagine di specchio
come parola senza fine sulla pelle
come onda potente di destino
come canto di passi su ritmi di Tempo
come vicolo cieco
come riversamento immobile di stelle
come Verità casualmente dischiusa

come scrigno protetto di Vita ed Umanità
rincorro
una crepitante Pace

Alla Mano
che pone in bilancia
l'Universo
manca
in perpetuo
il mio
esatto contrappeso

Morsi di vita

di Giancarlo Boldrini

Giancarlo Boldrini è nato a Fucecchio, traversato dal fiume Arno e dai pellegrini che percorrono la Via Francigena. Da molto è infilato nel mondo e se ti ci addentri ti rendi conto di quanto non sai. Questo per testimoniare il suo approccio alla vita, come ultimo degli ignoranti, affamato di inestinguibile conoscenza.
Inizia a scrivere per comunicare con le figlie e dopo il "successo" familiare, prosegue. Per sua culturale limitazione, manca di un dovuto lirismo. Ma forse il lirismo ha dato una limitazione alla poesia, quella di farne cosa di pochi, così lui è fautore di linguaggi crudi, metafore accessibili, messaggi che fanno vivere la poesia a chiunque. Apprezzato, compare in svariate antologie, ma ancora non sa se la sua è poesia o solo un maldestro tentativo. Ai lettori la sentenza.

Piove sui colori

Piove sui ricordi,
e sui colori.
Ogni goccia che batte è tempesta dell'anima,
sete, sete antica, avida, mai sazia,
imploriamo le nuvole che si fermino.
La pioggia ti avvolge nel suo lungo abbraccio,
e quando si rompe sulla terra,
emana la sua memoria.
Pioggia che rumoreggia,
tintinna, lava e riluce.
Sarà castigo o liberazione,
pioggia plumbea, dispettosa, irriverente,
che gioca con la tua impotenza,
inquietudine, rassegnazione,
e ti costringe a lacchezzi, giravolte e improperi.
Piove sui peccatori che non cercano rifugio,
su chi l'aspetta, e su chi la teme.
Sarà occasione per gli innamorati,
vincerà sul rumore del giorno,
e laverà i marciapiedi impolverati della nostra fretta.
E poi, quando finirà,
lascerà profumo di nuovo,
e ci ridarà i colori.

Quando vince la sera

Mentre vince la sera
i colori si rincorrono.
Il giorno muta la pelle
e si rassegna al tramonto,
gli uccelli che abitano la notte,
si preparano al loro rito.
Il vento non è più docile,
la luna freme per entrare,
e il cielo staglia l'albero
in maniera forte.
Mentre la sera ha il sopravvento,
i colori impazziscono.

Il volo sicuro del gabbiano

Il verso acre del gabbiano
pare lamento,
strillo acido,
dolore atavico,
o forse nenia del mare,
della sua risacca monotona.
O inno gioioso di poter volare
fin dove il cielo lambisce il mare.
E del mare è figlio povero,
un barbone, un accattone,
ma come loro ne detiene la fierezza,
il non prostrarsi al suo potere,
il monumento del suo volo.
Lui giunge con certezza
dove ha designato,
e incanta il passante
come panorama immenso.

La parola è il mare

La parola ci porterà la ricchezza,
non quella della luce delle monete,
ma quella della luce del sole, degli occhi.
Mi agghinderò di parole,
e loro mi renderanno bello,
saranno il mio fucile e il mio ombrello.
Saranno le mie damigelle
alla corte dei tuoi occhi,
e chiave della cassaforte del tuo cuore.
Le colorerò per i bambini
e le tuonerò all'indifferenza.
Saranno fazzoletto delle mie lacrime,
e scudo delle mie speranze.
Le brandirò a difesa del rispetto,
e non le terminerò,
perché sono immense,
e sono tante, quante le onde del mare.

La franchezza del fuoco

Il fuoco è il rifugio dell'anima
e la casa del diavolo,
dona luce e calore
al povero e al cavaliere,
e, a volte, anche il tempo
si ferma al suo torpore.
Lui è come lingua di serpente,
e noi, poveri peccatori,
qui alla casa del diavolo,
troveremo rifugio nella sua franchezza,
nella sua instancabile fuga,
nella sua precarietà.
Lui diverrà fumo e poi cenere,
e dalle ceneri si rigenererà
e nuove storie saranno raccontate,
con le sue cento labbra rosse fuggenti.
Corre il fuoco come indomito cavallo selvatico,
cattura i pensieri che ti assillano
e li fa alzare al cielo,
via con il fumo.
Zampe di fuoco, lapilli,
lingue di drago,
sei a un passo dall'inferno,
oppure varcherai la porta
del turbolento rosso dell'amore.

I papaveri a volte si baciano

Quando la primavera punge l'aria,
il papavero punteggia i tuoi occhi increduli.
È sentinella del campo non arato,
e del ciglione.
Lui è selvatico,
non lo puoi addomesticare.
È di un rosso non decifrabile,
forse comparabile a un tramonto pulito.
Il papavero vuole il sole,
e il vento che lo muove.
Così a volte si bacia.

Distanze

di Silvana Sonno

Silvana Sonno vive a Perugia, dove ha insegnato per molti anni nella scuola superiore.
A Perugia ha fondato la *Rete delle donne AntiViolenza*, nata per contrastare la violenza maschile sulle donne, per la quale si è occupata a lungo di formazione e comunicazione. Ha partecipato a numerosi convegni sulle politiche di genere e ha organizzato manifestazioni ed eventi contro il femminicidio. La sua esperienza di femminista si è incontrata presto con la passione per i libri, che l'ha portata a organizzare gruppi di lettura dedicati alla narrativa femminile, molto partecipati, e per la scrittura che pratica ormai da diversi anni e in cui privilegia vite di donne, restituite attraverso scelte linguistiche e simboliche inclusive di una prospettiva di genere. Sono nati così saggi, testi narrativi e sillogi poetiche che hanno accompagnato/accompagnano fasi significative del suo percorso.

Verità

La persistenza istintiva della vita
chiama a scovare dietro l'angolo
una verità, sia pur falsa
ma che impegni l'intelligenza
in quel labirinto dell'anima
dove si estenua ogni conoscenza.
La sosta, mai.
Certezze, mai.

Il cielo è lontano e algido
l'ora vacilla.

Cammeo

La testa piegata nel nido
del tuo abbraccio
un cammeo appeso
all'ansa del mio cuore.

Io ragazza, tu giovane
la primavera dintorno
e il silenzio.
Noi in ascolto.

Un battere un frullo
un sospiro di vento
poi la tua voce:
Vorrei che il mondo finisse qui
adesso.

Ho chiuso gli occhi, ricordo
e quello era Sì.

24 marzo 2020

Dal cielo fatto bianco
scende una neve spumosa e fitta.
Neve di primavera

La ghirlanda dell'angelo
appassisce e decadono i fiori
vizzi nel gelo che l'insudicia e scolora

Trascorre la purezza antica
e lascia intorno un selvaggio sentore
di sconforto

Morde la carne l'anima, in sospetto di ali
cittadella murata che nel silenzio
si fa rifugio e strazio d'ogni pena

Ma io so che presto una traccia
di luce – un morbido bagliore
bucherà il buio

Già l'annuncio s'avvera
tra dita che intrecciano corolle
e rinverde di nuovi aromi
l'orto della speranza mai fuggita

Sole di primavera.

Virus

Muoiono i vecchi, muore il Novecento
è questo l'*armageddon* della storia
un secolo di mali e di tragedia
si scioglie dentro i letti d'ospedale
nelle stanze dov'era già recluso
nell'amnesia di menti devastate
nei corpi sazi dopo tanta fame.

Ma sento già un'acuta nostalgia
per tutte le risposte che ho cercato
le parole non dette né ascoltate
ciò che non ho letto per torpore
l'arte di cui non ho fatto tesoro
la libertà sepolta sotto un fiore.

Ci sarà tempo ho pensato e invece
il tempo si chiude sull'ultimo
respiro, gli occhi sgranati
tra presenze mute
come spettri venuti a sigillare
la vita che è trascorsa, ormai passata.

Il virus mira dritto al cuore stesso
di un segmento ultimo di storia
la Mia di storia

e mi sussurra, come fanno loro
le potenze invisibili del fato
di acconsentire a chiudere la porta
pochi bagagli a mano e gola stretta
senza girarsi dietro, e per davanti
un abisso di niente e una colonna.
Ma quanta, quanta ancora nostalgia.

L'amaca

Due farfalle: una bruna dorata,
l'altra bianca più piccola
e veloce, portano il volo morbido e dolcemente ipnotico
sopra ogni filo d'erba intorno a me, raccolta nell'amaca.

Lascio dondolare al loro ritmo i miei vaghi pensieri
mentre lo sguardo si avvolge nell'azzurro
d'un orizzonte alieno
illanguidito dal silenzio compatto del meriggio.

Giunge presto l'immagine
sfocata e familiare d'un altro luogo,
il giardino perduto
dove una sediolina di bambina ospitava
un micetto addormentato. Presenze si muovono tra gli
alberi e il vialetto:

una lesta e vivace, un'altra lenta e grave.
Mi perdo ogni volta in quel giardino d
ove mi cerco e non mi trovo mai
pur mi ci sento lietamente a casa
e so che intorno a me c'è chi mi ama.

Le farfalle riunite sopra il prato, ora ferme nel moto
soltanto vibrazione d'un battito congiunto

sembrano attendere un gesto di congedo.
Devono andare.

Scuoto un poco la testa,
poi mi alzo a sedere sul ciglio dell'amaca
che si ferma. Il movimento le sparpaglia in volo.
Ciao mamma, ciao papà, tornate presto.

Eden

Mi sono di nuovo perduta nel bosco
era notte e sul buio compatto non correva
un alito, un volo.

Mi ha salvata un albero che conosco
incontrato stavolta dentro una radura
un albero grande dal tronco scabroso

le sue radici sporgevano sulla terra
fatta umida dal rigore notturno
e in mezzo a loro mi sono rannicchiata.

L'albero allora ha nevicato le sue foglie
sopra di me, morbide e calde come strati
di una coperta fatta coi ferri da resti di lana

rossicci e gialli, che mia madre conservava
e poi lavorava di sera, nella luminescenza del televisore
lei seduta in poltrona, coi gomitoli in grembo
io su una panchetta di fianco, accovacciata.

La mamma era viva, allora, e dunque quella
è un'altra storia, o forse è la stessa visto che non so mai
quando sto per perdermi nel sogno, e ogni volta
bramo e patisco d'essere salvata.

L'albero del bosco mi aspetta, e se il suo tronco
e i rami: foglie, gemme, a volte fiori
mutano nel pavido albore d'un cielo apparecchiato
per sognare, presenze antiche richiamano ricordi

impressi nella linfa che scorre e si perpetua
grumo di tormento e tenerezza che la vita sognata
mette in scena, tra il letto e l'anima, quando il margine
tra i mondi si fa tenue e Eden è ancora una risposta.

Passi

di Michele Monica

Michele Monica nasce nel 2006. Frequenta le scuole elementari nel suo paese. Al termine delle elementari prosegue gli studi frequentando le scuole medie dove, incoraggiato dalla sua professoressa di lettere dell'ultimo anno, inizia quasi per gioco a scrivere qualche poesia, una di queste è stata scritta durante un suo soggiorno a Napoli e durante la pandemia da Covid19. Una in particolare è dedicata alle sue professoresse.
Sin da piccolo si appassiona a vari sport come il nuoto e il karate, gli piace leggere libri di avventura e ascoltare buona musica. In questo frangente compone alcune canzoni in stile rap sull'emarginazione degli adolescenti.

Napoli

Per ogni pietra, chissà quanti passi
qui, tra le chiese e gli archi dei palazzi
antichi: è già passato tutto il tempo
tra i muri che si toccano e le strade
strette, le bianche tuniche dei greci
le insegne dei latini, gli archibugi
e gli elmi degli invasori. Rimane
nella nostra città qualche bellezza
di ogni periodo. Napoli conserva
per ogni tempo che verrà una perla
rara, dentro uno scrigno aperto a tutti.

L'Adolescenza

Crescere è qualche pietra in cui si inciampa
lungo la strada, o il passo rallentato
dopo una corsa gioiosa tra i campi
di grano, una muraglia scavalcata.
È quella luce negli occhi che dice
parole chiare. Più tardi, con gli anni
le cose si depositano in fondo
al petto, ma se guardi bene un viso
ritrovi sempre qualcosa di allora.

Il Tuono

Allontaniamo le mani dagli occhi
dopo che il lampo ha acceso, all'improvviso,
il cielo in alto. È soltanto un ricordo
lontano, la ferita tra le nubi.
Ora possiamo guardare per strada
il viso di chi passa, ricordare
con un saluto il suono della voce
degli altri, ritornare in mezzo a loro.

La Scuola

Ora che tutto il lavoro si compie
e andiamo incontro a nuovi giorni, il passo
felice che risuonava, le voci
la vita insieme si fanno ricordi.
Sapremo dirli ancora, ad uno ad uno
i giorni che abbiamo trascorso, quegli anni
sereni, con il nome degli amici
e il posto che occupavano nei banchi.

La strada sospesa

di Alberta Fina

Alberta Fina, nata nel 1985, vive in provincia di Lecce ed esercita la professione di avvocato. Da sempre appassionata di diritto e letteratura, utilizza la scrittura per indagare le pieghe dell'animo umano e per dar voce a parti di sé spesso soffocate dalla "frenesia" della vita quotidiana. Scrive dall'età di 13 anni ma solo recentemente inizia a presentare i suoi elaborati nell'ambito di concorsi letterari. In poco più di un anno diviene autrice di poesie, filastrocche e racconti selezionati nell'ambito di concorsi letterari e pubblicati in numerose raccolte antologiche.
Aspira a pubblicare il suo primo romanzo, attualmente in fase di ideazione, e una propria raccolta di poesie.
Attiva nell'ambito culturale, volontaria ospedaliera da alcuni anni, è sempre in prima linea per la tutela dei soggetti deboli e per il rispetto dei diritti umani. Ha ottenuto ottimi risultati nei vari concorsi letterari a cui ha partecipato.

Tricolore

Guarda quant’è bello
questo nostro tricolore
rispecchia ogni sospiro
di gioia e di dolore.

Ricorda che l’Italia
non smette di lottare
tutta la nostra storia
è pronto a raccontare.

Resiste contro il tempo

tra guerre e carestie
e oggi è in prima linea
contro le pandemie.

Per quanto la paura
ci possa distanziare
il nostro tricolore
continua a sventolare.

Il giardino

Scendi dal treno, bambina mia
va' percorrendo
le strade tue.

Il sole splende
l'aria è più fresca
corri felice
cadi sull'erba.

Dentro di te
c'è un grande giardino
guardati attorno
sembra un affresco.

Dammi la mano, bambina mia,
fammi danzare
per tutto il tempo.

Corri tra i sogni, sparsi qua e là,
non mi svegliare,
è qui che io resto.

Il silenzio

Ti dirò di questi giorni
scriverò sulle pareti
le oltrepasserò in un sogno.

Il risveglio sarà duro
prendo i pezzi di una vita
poi spalanco la finestra.

E sarà un po’ più leggero
tutto questo bisbigliare
se saprò rimescolarli
senza far troppo rumore.

Non vi sono più segnali
questo calendario vuoto
mi racconta di un silenzio
che, oramai, non è più nuovo.

Contro il tempo

Passi svelti e solitari
ben distanti da altri occhi
per raggiungere il rifugio
tra pensieri afflitti e monchi;

come neve che si scioglie
prima ancora del mio tocco
come le campane in festa
senza l'ultimo rintocco.

Come un quadro in bianco e nero
a cui mancano i colori
come un cielo senza stelle
un giardino senza fiori.

Una corsa contro il tempo
un appello disperato
contro ciò che non si vede
ma che toglie presto il fiato.

Per quel nostro cielo azzurro
dopo ogni temporale
con le unghie e con i denti
ora è il tempo di lottare.

Blu

di Annachiara Magazzeno

Annachiara Magazzeno, diciotto anni, frequenta il quinto anno di liceo classico presso l'istituto F. De Sanctis di Salerno ed è un'aspirante scrittrice. Scrive da quando aveva appena sei anni. Dal 2018 condivide i propri scritti sulla pagina Instagram "brevivoragini" e, dal 2020, scrive su Wattpad con omonimo nickname. Ama i libri e l'arte in ogni sua forma e il suo colore preferito è il blu. Desidera diventare un'insegnante di Lettere.

1.

Raccontami i sogni
Che non riesco a ricordare
Le alte maree dell'anima
Intrise di sole
E pianto di nuvole

2.

Cuore asmatico il mio
Dinanzi ai tuoi occhi limpidi
E vorrei respirare ancora,
Vorrei respirarti ancora.

3.

Vorrei qualcosa di te, sai?
Un briciolo del tuo respiro,
un sorriso accennato,
tocchi sparsi tra le dita.
Vorrei qualcosa di te,
qualcosa di vero:
sguardi senza veleno
la pelle e il sospiro.
Di te vorrei le parole,
quelle che non chiedo,
i baci sottovoce e i pugni
dentro le ferite.
Vorrei la luce che ti bagna gli occhi
di lacrime nere,
poi vorrei il mare
e te che affoghi nelle tue piccole paure.
E ti verrei a riprendere, ovunque sia,
perché di te vorrò sempre,
per sempre,
te.

4.

Avrei voluto incontrarti qualche anno fa
Con meno paure cucite addosso
Meno solchi scavati dalle lacrime sul cuore
Prima di aver subito tutto quel dolore
Quando forse l'amore sarebbe bastato.
Avrei voluto incontrarti con meno anni
e meno rabbia tra le dita
pensieri pieni di luce
e sorrisi capaci di scaldare
che ora non conosco più.
Quanto coraggio avrei avuto, amore mio,
se questo incontrarti fosse accaduto prima
delle notti insonni,
prima delle pugnalate
quando delle rose non contavano le spine.
Avrei voluto incontrarti prima,
prima di incontrarti,
quando conoscermi sembrava vero
e conoscerti sarebbe stato un gioco,
quando la luna accarezzava il mio cuscino
coi suoi raggi,
quando i sogni erano grandi.
Avessi incontrato te prima di ogni cosa,
non avrei avuto dubbi su quell'amore che dicono
capiti una volta soltanto.

A me è capitato,
un giorno che proprio non me l’aspettavo.

Vorrei poterti dire addio.
Dirti che mi mancherai tantissimo.
E ora sorriderai perché non abbiamo mai avuto nulla
Ma vorrei comunque dirti addio.
Ho sognato di abbracciarti, sai?
Abbracciarti per l’ultima volta, intendo,
stringerti al petto così forte da sentire il tuo profumo
su di me per un po’
e dirti che abbiamo sprecato troppo tempo
a farci la guerra
a non farci l’amore.
Vorrei dirti che il tempo non ritorna.
Ti ho dato così tanto di me stessa che ora non so più
dove finisco io e cominci tu.
Non abbiamo mai saputo cosa dirci,
forse perché non era così tanto importante.
Ti voglio bene, te ne vorrò sempre,
ma amarti no, perché l’amore che avevo
mi ha lacerato l’anima.
Ti voglio bene, bene fortissimo.
Bene da perderci la notte sveglia, bene da fare male.
Spero di dimenticarti, però,
perché sono stanca di trascinarmi i tuoi occhi ovunque
e vorrei solo poggiarli da qualche parte

e poi lasciarli andare,
come un bambino distratto
che fa volare via il suo palloncino.

S'è fatto buio pure oggi.
Poggio la testa sul cuscino,
chiudo gli occhi e ti ho nel cuore.
Sono ormai cento notti
Che ti trovo a frugare nei miei sogni
Ma non riesco mai ad afferrarti.
Sono ormai cento notti
Che m'aggrovigli i pensieri
E poi scappi via
Portandoti l'anima.

Sento che una parte di me
Sarà sempre
Ovunque sarai.

Sussulti del cuore

di Fulvio Tuccillo

Fulvio Tuccillo vive e lavora a Napoli. Dopo un lungo periodo dedicato all'insegnamento, ha prestato servizio prima presso la Biblioteca Nazionale Centrale di Roma e poi quella di Napoli fino al 2010. Italianista con forti interessi per la storia della critica letteraria, è autore di vari contributi e di una monografia sulla storia degli studi leopardiani (*Leopardi nel tempo*); sull'argomento ha tenuto alcune docenze universitarie. Si è molto occupato di letterature dialettali e in genere di autori poco conosciuti o poco ricordati. È autore di saggi e articoli pubblicati su "Il Belli", "Riscontri", "Il Veltro", e numerose altre riviste letterarie, e collaboratore di vari istituti di cultura. Come giornalista, ha curato per "Il Denaro" la rubrica "Autori internazionali".

Il mondo che amavo

E quasi non esiste più quel mondo che amavo,
se non per me, la sera,
quando si ferma l'affanno.
Me lo riporta
un po' di vento d'autunno
e qualche luce
fra le case di periferia,
che mi dice di una vita silenziosa,
di altre voci
incontratesi tra il buio e l'alba.
E la notte che scende sulla selva dei castagni,
dove si apre il frutto spinoso,
color della terra viva.
E il primo freddo
che ci riporta lo sguardo
sui volti amati;
e solo allora io mi appartengo
e vi appartengo.

Il mare

Ritorna il mare nudo
della mia infanzia,
povero mare di povera gente
e piccole creature
e pezzi di legno e ciottoli,
e groppi di rete squarciata,
e sofferenze e vita senza memoria.

L'onda lambiva piano piano
nel pomeriggio
l'ultima gobba di sabbia
ed ancora un po' di vita,
sconcigli e pesciolini e gamberetti,
lentamente s'agitava nelle pozze.
Tanti e tante cose sono passate
sulle rive,
amori, affari, la stupida onda
della sapienza tecnologica.
Ma viene un momento,
per me e per tutti,
che ci stanchiamo
e capiamo.
E d'un sorriso misterioso,
con muta, silenziosa armonia
ci sorride
quel lontano bagliore.

La nostre vie (per mia madre)

Ed io non so più quale sia la tua via,
quale sia la mia via,
e per questo mi tormento.
O forse è lì nella meravigliosa calura estiva
di via Enrico Alvino,
ove mi raccontavi le storie d'Ulisse,
oppure nel piccolo pullmann
che ci portava a Lucrino,
nella sabbia e nel profumo del mare,
nell'acqua fresca della fontanella
sotto le cabine,
nel rigoglio della memoria
che all'improvviso s'interrompe,
ferito a morte dall'angoscia;
sì, ma forse è lì
nel sogno infinito di cui siamo parte,
tutti,
quel sogno
che riprende a parlarci,
a ridirci
le parole più care
con ostinazione,
quando meno ce l'aspettiamo,
con il suo sorriso eterno,
e come un viandante

con le scarpe rotte e gli abiti consunti
ancora cammina tra noi.

Sussulti del cuore

Ed il cuore vorrebbe dare
un sussulto,
ritrovare tutta la gioia
e le illusioni e l'amore,
ed anche la giusta disperazione,
e talvolta
avere tanto coraggio
da abbattere le porte
che ci separano […]

Ti prego,
sii ancora capace di tanto,
dipingi il domani
con le tinte del mare e del sole,
con quelle del vento,
ti prego.

Ma il cuore resta fermo
e si conforta solo
del suo stesso abbandono,
della lieve luce dei ricordi,
di qualche buona parola.
Domani, sì forse domani,
sussulterà ancora […]

Racconti silenti

di Barbara Brusić

Barbara Brusić nasce a Rijeka (Croazia) nel 1988. Nella città natia frequenta le scuole di minoranza italiana. Da piccola inizia a scrivere poesie e brevi racconti destinati a rimanere chiusi in un cassetto. Affascinata dai viaggi e dalle lingue straniere si trasferisce in Italia per proseguire il percorso di studi diplomandosi al liceo Linguistico del C.N.P.D. di Cividale del Friuli. Successivamente si trasferisce a Trieste e si laurea in giurisprudenza. Su esortazione degli amici decise di partecipare al suo primo concorso Letterario Nazionale: Racconti Corsari, XIV Ediz.2018, vincendo il primo premio nella sezione Poesia. La poesia *Delicatezza* viene pubblicata all'interno del Premio Letterario Penne D'Oro della Letteratura Italiana 2020.

La solitudine

Quando sei solo
in silenzio
il baccano ti distrae.

Voci ovunque…
Instancabili scorrono i
pensieri.

Nel silenzio del trambusto
i dialoghi lentamente si sovrappongono e,
tutto d'un tratto,
silente regna la confusione.

Ma se alla confusione
non ti arrendi
ritroverai timida in fondo all'anima
la tua vera voce.

Il teatro

Strade deserte
ovunque
il silenzio ci circonda.

Teatri spenti,
immobili.
Silente è l'attesa
priva di vita.

Se con attenzione guardi
in fondo alla sala
tra buio, polvere e
fama
una brezza danzante e
il sipario sinuoso
sono per la prima volta
al centro della scena!

A passo lento e
a suon di valzer,
proseguono indisturbati
i loro passi.

Non ci sono per nessuno
né per gli artisti,

né per gli spettatori
ma ci sono per se stessi.

E tutto il mondo può mancare
insieme alle grida e agli applausi.
I due si completano in silenzio
felici di vivere l'istante.

L'ultima lacrima

Il buio illumina la stanza ed io
stringo forte il cuscino.
Due gocce danzanti
si intrecciano lungo il viso
vantando trucchi del loro ultimo ballo.

Echeggia in silenzio
l'immenso dolore di una scheggia
mentre solitario il vuoto
nell'aria permane.

Riempire gli spazi

di Concetta Tomasetti

Concetta Tomasetti è una donna in pensione dalla Pubblica Amministrazione, dove ha profuso 43 anni della sua vita, di cui 12 nel nord Italia, incontrando e servendo, con amore e dedizione, migliaia di persone. Ama viaggiare, incontrare nuove culture, curiosa, appassionata, da sempre nel mondo del volontariato, vicina a chi soffre e ai più deboli della società. Ha portato aiuti umanitari anche in Africa e in India, dove ha sperimentato tanta umanità e dignità, pur nella povertà assoluta.
Fin da piccola ama leggere, anche grazie al suo papà, storico locale, che l'ha introdotta nel mondo della cultura e delle nostre radici cristiane: ad Atripalda, infatti, sono custoditi i resti di tanti santi martiri, uccisi in odio alla fede. Concetta ama osservare la vita nella sua interezza, così come accade, con le luci e le ombre, con i volti che incontra, nell'incanto delle piccole cose.

Amore

L’amore muove il mondo ed è un profumo,
nascosto nel profondo di ciascuno.
A volte è come un prigioniero,
in una gabbia di egoismo e gelo,
e se ti accorgi che non vivi più,
libera subito il tuo cuore e sentirai l’aroma dell’amore.
Fatti possedere dall’amore e splenderai di luce,
come il sole.

Terra silente

È un silenzio che sa di attesa,
come un seme nel grembo della terra,
adagiato dal vento
e custodito con amore da sguardi intrusi.
Così, nascosti gli uni agli altri,
beviamo la rugiada all'alba
e tendiamo le mani al sole che sorge
maestoso a fugar le ombre della notte.
E fiorirà il tuo seme,
esploderà ancora vita
ed il silenzio parlerà nei volti amati.
E sarà festa!

Gabbiano

Gabbiano che voli basso su questo mare calmo,
sei il re incontrastato nella stagione non ancora iniziata.
Gridi al cielo la tua libertà,
lo confondi nell'azzurro del mare,
ti specchi nel profondo di esso e voli, voli.
Amico gabbiano, vorrei essere come te,
libera da queste catene
che mi opprimono l'anima e mi asfissiano il cuore.
Voglio volare nell'azzurro del cielo,
nel profondo del mare,
con te per sempre, nell'Infinito.

Emozioni

di Fernando Massimiliano Andreoni

Massimiliano Andreoni è nato nel 1965 a Lucca.
Dopo il diploma ha fatto esperienza di servizio civile alternativo alla leva in ambito sociale e lì ha trovato la sua vocazione lavorativa, il sociale, e da trent'anni opera come educatore, consulente, progettista, coordinatore di progetti con persone con problemi di dipendenza, penali, percorsi di migrazioni e minori in difficoltà oltre ad occuparsi di servizio civile.
Ha tre figli maschi di 24, 22 e 17 anni e sei anni fa ha ritrovato la donna della sua vita, sua compagna di scuola media, che è diventata la sua musa ispiratrice.
Scrive perché è diventata un'esigenza. Ha scritto 130 poesie, alcuni racconti brevi e ha in corso la scrittura di due romanzi.
Ama scrivere, leggere e viaggiare ed è appassionato di fumetti, ne possiede oltre 10.000.

Le Parole

Le Parole sono porte
aperte sull'orlo dell'abisso
s'infiammano di antichi rovi
bruciati senza alcun tormento.

Attraversano le pareti del tempo
viaggiano e non pagano biglietto
t'innamorano assopita nel letto
ti risucchiano dalle ferite del mondo.

Le Parole sono quelle che sento
che vorrei come culla al tuo sonno
che vorrei nel tuo palmo di mano
come lama ti affondassero dentro.

Le accompagno o le inseguo correndo
son bastone qualche volta tormento
sono un filo e nel loro bagliore
mi ci perdo e c'è solo il tuo cuore.

Giorno di festa

Mi conto le ore e guardo quel volo
che ali corvine disegnano in cielo,
mi sento il respiro che forte risale,
che pare un sussurro di ombre furtive.

Acidulo è il gusto di questa giornata,
che sembra assonnata che parla di un vuoto.
È quello che lascia il tempo che manca
di te, del tuo sguardo, di un bacio più lieve,
perché come un ladro svaligia una casa
è il caos che ci prova e rovista i miei sensi.

C'è un tempo che è stato, ma mai troppo vecchio
ricolmo di passi, poi slanci e frenate,
in cui io dicevo col cuore in attesa
che c'era il silenzio nel giorno di festa.

C'è un tempo presente che chiede fiducia
che ci vede attori, ma anche in platea,
di cui solo noi scegliamo la trama
e passo su passo scriviamo il futuro.

Domenica è andata e guardo più a oriente
e sento più forte l'urgenza del cuore,
e quello che a volte tu chiami un eroe
mi sembra uno gnomo che cerca un sentiero.

Eppure ogni sera c'è sempre un tramonto
con un sole rosso che parla di te,
che vuole scaldare e non c'è ritorno,
c'è solo la voglia del tuo viso stanco,
di mani che sfiorano, di braccia accoglienti,
di un nido sicuro laddove il mio cuore
un giorno si posi su un molle cuscino
e sappia curare il tuo sonno supino.

Cose di poco conto

L’orecchino spaiato
tra i tuoi fogli di appunti
e quel cuore che brilla
proprio sopra il comò.

La serranda calata
quando arriva la notte,
le tue calze gettate
tra la sedia e l’armadio.

Un profumo di rosa
mi attraversa più intenso,
mentre note rincorrono
il tuo sguardo sui tasti.

Nelle pause il silenzio
si nasconde veloce
sotto il caldo respiro
di chi veglia il tuo sonno,
mentre muove la coda
e ti pare che sogni.

Sui fornelli ormai freddi
trovo ancora il caffè
e una tazza scalfita
che sa del tuo rossetto.

Non ho visto mai mondo,
conosciuto l'amore,
né baciato le labbra,
mentre perdo la testa;
tutto questo non c'era,
era un sogno, un mistero,
un destino celato,
fino a quando
improvvisa
sei caduta dal cielo.

E quel fiore sul piano,
quei vestiti buttati,
l'orecchino perduto,
il caffè nella tazza,
sono cose da poco,
polaroid lungo il giorno,
sono tutto il mio mondo,
il sapore di te.

Ho sognato il mare

Ascolta.
Ascolta.
Sono note che ho udito ma non ricordavo
ed ora ritornano e non le controllo,
mi penetrano il corpo, è un mare in tempesta
un gorgo improvviso, travolge ogni cosa.
È strano, profondo, ma non fa paura,
mi prende, mi accoglie e mi porta via,
lontano, in un regno che non ho mai visto,
è come passare ad un'altra vita.
Ci sono violini che vedo sfuocati,
son come saette che esplodono in cielo,
quel cielo che sempre si fa più lontano
ed io cado giù nel profondo più nero.
Son qui e mi sento nel ventre di un mare
che un giorno fu madre e vuole che torni
laggiù dove musica inebria il mio cuore
e l'acqua che temo ormai mi ha rapito.
Ma ora le vedo le mani, le tue,
che sfiorano l'ebano di tasti consunti
ed io sono lì mentre scrivo parole
e l'altro me stesso si perde tra i flutti,
stremato si arrende, esanime, vuoto
non so più capire se è sogno o realtà,
e c'è la tua schiena davanti ai miei occhi,

si inarca e non sa più trovare il giaciglio
per stendersi dopo i tumulti del cuore.

A Mia Madre

Mi ricordo,
piccino,
una sera le ho viste,
nella tua sottoveste,
le tue forme leggere
e guardavo stupito.

Un anelito nuovo,
turbamento e pudore,
mi passava attraverso,
mentre svelto saliva
il rossore sul viso.

Ti ricordo nei viaggi,
per le calli
a Venezia,
gli asinelli
a Perugia,
i panini
mangiati,
mentre il babbo guidava,
nella nostra Seicento.

Poi rivedo il tuo sguardo,
che si fa più arrabbiato,

che mi tiene lontano
e un perché che è rimasto
come un'eco lontana
che attraversa la mente.

Sei dovuta andar via,
a metà del cammino,
e ci ho messo del tempo,
una strada di anni
per capire alla fine
quanto ti era costato.

E ora so finalmente
che seppure mi manchi
il ricordo di te
che mi stringi al tuo ventre,
quegli abbracci sognati
sono dentro di me,
senza loro non sarei
mai arrivato fin qui.

Anima grigia

Non respiri e l’aria ti manca,
freddo il sole che squarcia le nubi
niente trovi, lontano o vicino
che consolante ti apra una breccia.

E d’improvviso la donna che sai,
già ritrovata tra quelle lenzuola,
dalla nascosta, profonda tristezza,
smette di scuotere la carne ed il cuore,
cade nel vuoto, sprofonda nel buio
e si trasforma nell’altra te stessa,
nella signora delle oscure ore.

Non c’è più voce, si blocca il respiro,
senza preavviso distogli lo sguardo,
scivoli in fretta come in un pozzo
e nel terrore del nero che vedi,
c’è che accarezzi l’idea dell’oblio.

Poi qui ti inchioda un sospiro, un ricordo
luoghi e persone, le labbra a sorriso,
due occhi verdi, poi neri, poi spenti
e una preghiera rimane sospesa,
che dice grazie al cielo e alla vita,
grazie dei giorni, tra note e poesia,

grazie dei baci e di quella scintilla
che all'improvviso ha acceso il mio fuoco,
che nessun'altra mi aveva mai dato,
che ha tolto il sonno, sconvolto il mio cuore,
che lasci meglio di come hai trovato.

Puppino caro

Dove sei?

Ci sei sempre stato
e ti penso stasera
perché certamente
mi avresti chiamato,
per prendermi in giro
come sempre hai fatto
quando un bianconero
ha gonfiato la rete,
la “ralla” dicevi
che è ben meritata
per chi come me
tifa un’altra squadra.

Rivedo i tuoi occhi,
il sigaro in bocca,
il fumo ti avvolge
ma non può fermare
il tuo andare lesto,
le mani in cucina,
la testa al domani,
il cuore al passato
e quel tuo venire
sicuro e sereno,

come un pomeriggio,
di un luglio lontano,
venisti a quel treno,
non ero tornato
all'ora fissata
e senza parole,
con un solo sguardo
mi hai "scortato" a casa,
mi hai fatto capire.

Chissà se anche adesso
ti chiaman Puppino,
laddove passeggi
la cicca mai spenta,
per mano alla donna
che hai sempre amato.

E credo che a ognuno
vorresti augurare
la luce negli occhi,
i cuori al sicuro,
come i vostri due
che sento vicini.

Un giorno felice

È fatto di poco,
profumo di pane appena sfornato,
i tuoi piedi scalzi in giro per casa,
un tuffo gelato nel mare d'aprile.

L'amore in campagna, là sopra un muretto,
i miei occhi stanchi su un vecchio fumetto,
le lacrime dolci di un dono inatteso,
un riso sguaiato che fugge un timore,
tu sopra il mio corpo davanti ad un fuoco,
il giorno più bello vissuto per gioco.

Poi l'alba in montagna con gli occhi annebbiati,
il tuo respirare da sempre affannato
addosso al mio viso, rumore di gioia,
bisbigli al telefono e un giorno finisce,
la scossa nel ventre se incontri l'amore,
carezze ai capelli di mio figlio stanco
e un attimo eterno che ferma un sorriso.

Il vento davanti e dietro il tuo seno,
guardare la luna distesi sull'erba,
sdraiati di fianco, la schiena sul viso
e i tuoi fazzoletti smarriti per casa,
lenzuola lavate con dentro il tuo odore,
profumo dell'erba sull'uscio di casa.

È quando ti ho stretta ma piano, più piano,
col solo motivo di non farti male,
è per non scordare
che feci al tuo fianco,
quel film ritrovato che cerchi da sempre
ma fino a stasera non lo ricordavi,
guardare un Picasso
le tue mani strette,
un viaggio lontano
ed io che ti sfioro,
e senza parole poi ti lasci amare.

È scheggia di spazio,
è zolla di terra,
che separa i corpi,
non spegne la fiamma
che arde per sempre nelle tue pupille,
son dita più lievi che suonano note
e volano sulle tramontate stelle.

E sono armonie di giorni passati,
che scavano spazi,
mi cambiano il cuore,
scoperto a smarrirsi
nel fondo degli occhi,
in una melodia antica
che mi suona la vita.

Perso

Perso
in questo tempo senza tempo.
Non più abbracci,
né baci,
né sorrisi,
stretto in una stanza
dove il mio corpo è gettato.
A volte guido
ma più non vedo
la strada sempre vuota.
A volte sogno
e ritrovo un tempo
in cui il possibile
era tutto quanto
e ogni coraggio
senza alcuna fine.
Ma non dimentico
della felicità il rumore
che ora io non riesco
d'un tratto più a sentire.
Mi aggrappo allora al sole
che mi ha visto felice,
a un vento più leggero
foriero di profumi,
al fiore che ho toccato,

ad un nuovo tramonto,
al mio respiro caldo
che vuole ancora fiato.
Lo so, ritorneranno
di colpo i chiacchiericci,
le voci dei bambini,
e so che non esiste
il mare senza spiaggia,
il cielo senza nubi,
il bosco senza rovi,
la vita senza un bacio.
Vorrei che lo sapesse
negli angoli del mondo
chi la bella speranza
incredulo ha già perso.

Lucca

Da lontano ti vedo
tra le torri e i palazzi
e quel verde accecante
sotto il sole di luglio,
che profuma di erba
non appena è tagliata,
proprio lì dove un tempo
pedalavo in triciclo.

Poi le strade in penombra
che hanno visto duelli
e miracoli, e amori,
ne respiro il ricordo.

Lucca piena di storia,
di splendore e leggenda,
di fanciulle in carrozza
che si giocano l'anima,
o scolpite nel marmo
a futura memoria
di un amore perduto,
di bellezza che è eterna.

Strade buie e pavé,
logge già medievali,

per buttarcisi dentro
e poi fare l'amore.

Lucca bella e incoerente,
sei un sepolcro imbiancato,
sorridente al mattino,
operosa e borghese
e la sera puttana,
smalto nero e rossetto,
da far perdere il senno,
da fissare negli occhi.

Le emozioni nel vento

di Giorgio Magnani

Giorgio Magnani è autore di saggi e ricerche, tra cui i volumi *Longiano, storia, personaggi, cultura e pro loco* (2004), *Dagli etruschi a don Sisto* (2016) e *Do you speak... dialet rumagnol?* (2020) trittico dialetto-italiano-inglese di poesie e racconti. Ha vinto più volte "Urgonautiche" dell'Associazione culturale Pro Rubicone e altri concorsi, edito dall'associazione culturale "L'Ortica" di Forlì. Iscritto all'Albo dei giornalisti-pubblicisti, scrive per il "Corriere Romagna", già presidente del Circolo didattico statale di Gambettola e presidente del Consiglio d'Istituto comprensivo statale di Longiano, nel 2006 ha ricevuto il Premio Rotary club per "intensa attività culturale". Nel 2012 è stato insignito dell'onorificenza di Cavaliere dell'Ordine "al merito della Repubblica italiana".

Ora sei nel vento

Ti rivedo in quel letto all'infinito,
dove a 18 anni il tuo vigore era svanito,
ruotavi il capo ormai privo dei folti capelli,
ti era rimasto solo il ricordo dei giorni belli.
Accarezzavi il diario con dita paralizzate,
mentre gli occhi cercavano ombre sfocate.
La leucemia ti aveva prosciugato
ogni attimo, un supplizio dilatato.
La mamma e il babbo ad incoraggiarti,
io fratello più piccolo, ignaro, a pregarti,
per andare a giocare a rincorrersi sul prato,
ma da quel letto non ti sei più rialzato.
Alla visita di leva l'inferno avevi scoperto
gli amici evitati per evitare loro dolore certo.
La malattia, gelida compagna, senza pietà,
ha reciso i nostri sogni di felicità.
Non soffri più, ora sei nell'infinito a librarti,
nessuna scienza o medicina ha saputo salvarti,
ma forse tu hai salvato me in verità,
certo che mi sei vicino nelle difficoltà.
Ma quando spira un soffio di vento
è una cara malinconia quella che sento.

Vite spezzate

Nella storia mille guerre e false crociate,
soldati mandati al macello e vite spezzate.
Troppe madri piansero i figli caduti in guerra,
che più son tornati a sorridere nella loro terra.
Politicanti falsi e presidenti guerrafondai,
pochi scrupoli e rispetto per la vita mai.
Ancora soprusi, altre guerre e passano gli anni,
i conflitti armati fan solo danni!

Arte, emozioni per i cuori

Affreschi e dipinti sol da ammirare,
statue e sculture fan emozionare.
Fotografie che fissano gli istanti,
per il cuore le poesie son importanti.
Musica e note creano melodia,
danze e balli ci donano allegria.
L'animo umano resta un mistero,
l'arte però lo rende più vero.
Con l'arte nei cuori tira aria di disgelo:
si alza lo sguardo al cielo!

Emozioni tra i girasoli

Le corse allegre tra un abete e un pino
per giocare assieme a nascondino.
Vociare allegro prima che il sole vada via
e far volare ai bambini la fantasia.
Un colpo d'occhio che fa bene al cuore,
tutto quel verde come pennellato da un pittore.
La natura che regala emozioni,
l'incanto di quelle sfumature a milioni.
Ma anche alberi capaci alla vista di occultare
innamorati che i primi baci si voglion dare!

Alberi sradicati, non è progresso!

Da bambino andavo a raccogliere la frutta
a piedi in campagna da girare tutta.
Ricordo le pesche dal pelo che profumavano
ma anche il gran prurito che arrecavano.
Partivamo sempre al mattino presto,
per arrivare nel campo di passo lesto,
tutti assieme: bambini, parenti e braccianti,
un gruppo di persone serene e vocianti.
Si puntava alla pesca più matura
che si appoggia nel cesto con cura.
Adesso i peschi sono stati sradicati
e al loro posto ci sono alti fabbricati,
oggi le comodità nelle case sono tante,
ma non è progresso eliminare le piante!

La forza di una donna

Una mamma è una forza della natura,
combatte sempre senza paura.
Se i figli hanno bisogno non fa una piega:
subito corre e non sente la fatica.
E una donna innamorata
sa trovare ogni strada.
Essere cresciuti con una sorella
è una condizione proprio bella,
per scambiarsi pensieri ed emozioni,
scordando presto qualche discussione.
E se il destino te la toglie diventa
una malinconia straziante:
se soffia il vento pare di sentire la sua voce
e nelle nuvole cerchi un raggio di luce.

Luna nuova

di Dario Cavalli

Dario Cavalli nasce a Rimini nel 1985 e sarà la scoperta nei primi anni dell'adolescenza dell'appena scomparso Fabrizio De André e del suo cantautorato ad accendere in lui l'amore per la poesia. Un'attrazione nei confronti delle parole, della loro capacità di intrecciarsi e di raccontare storie, magie, incertezze, malinconie e a volte inquietudini. La perenne ricerca di sé e del significato che la vita cela nascosto lo condurrà attraverso esperienze musicali, viaggi e lunghi cammini. Ritiene che il tempo sia saggio maestro e fedele compagno per riuscire a condividere la ricerca dell'essenza, fine ultimo delle sue rime poetiche.

Sangue

Vento che trascina fiori nella testa
Fermo, silenzioso
Lontano dall'oblio chiassoso della festa
Nascosto, mi riposo
Testa bassa somigliante ad un gallo senza cresta.

Scivolo nel tempo come acqua sulla roccia
Millenaria si presenta
Morbida ripete il susseguirsi goccia a goccia
Fragile, contenta
Pioggia che scompare nella terra che si doccia.

Non acqua sono io, sono lacrime di vita
Colpisco senza sosta
Ti proteggo nella morsa del pugno e tra le dita
Desidero risposta
Entrando nel profondo per scavare senza uscita.

Sonno Eterno

Buonanotte mondo
Svegliami quando tra le nubi filtreranno i raggi del sole
Quando gli uomini non agiranno solo coi fatti ma anche a parole
Svegliami quando i paesaggi saranno fatti solo di natura
E non di tetra paura
Svegliami quando si realizzerà tutto ciò che spero
E che dalle bocche della gente non esca il falso
Ma soltanto il vero
Svegliami quando negli occhi degli innocenti
Si vedranno anche gioie e non solo lamenti
E che sia libero il passar delle ore
Buonanotte mondo
Svegliami quando sarai migliore

Per Amore

Scelsi quegli occhi, perché quella luce brillava nei miei
Scelsi quella voce, perché il mio sangue vibrava con lei
Scelsi quella pelle, quando cominciò a camminare sulla mia
Scelsi quel cuore, d'improvviso incastrato senza andar via
Scelsi quel sentiero, e corsi forte talmente svelta
Che in verità dal primo istante, non ho mai avuto scelta.

Abbonamenti

Per il 2021, Italia ed estero, € 50; Digitale, € 20

Bonifico bancario
(IBAN: IT43X0306915102100000004716)
Paypal (ilterebintoedizioni@libero.it)

www.ingramcontent.com/pod-product-compliance
Ingram Content Group UK Ltd.
Pitfield, Milton Keynes, MK11 3LW, UK
UKHW041956190726
13854UKWH00005B/2006

9 788831 340342